Tudo leva ao amor

mensagens espirituais

Editora EME

Solicite nosso catálogo completo, com mais de 500 títulos, onde você encontra as melhores opções do bom livro espírita: literatura infantojuvenil, contos, obras biográficas e de autoajuda, mensagens espirituais, romances palpitantes, estudos doutrinários, obras básicas de Allan Kardec, e mais os esclarecedores cursos e estudos para aplicação no centro espírita – iniciação, mediunidade, reuniões mediúnicas, oratória, desobsessão, fluidos e passes.

E caso não encontre os nossos livros na livraria de sua preferência, solicite o endereço de nosso distribuidor mais próximo de você.

Edição e distribuição

EDITORA EME
Caixa Postal 1820 – CEP 13360-000 – Capivari – SP
Telefones: (19) 3491-7000 | 3491-5449
Vivo (19) 99983-2575 | Claro (19) 99317-2800
vendas@editoraeme.com.br – www.editoraeme.com.br

LUIZ GONZAGA PINHEIRO

Tudo leva ao amor

mensagens espirituais

Capivari-SP
— 2015 —

© 2015 Luiz Gonzaga Pinheiro
Os direitos autorais desta obra são de exclusividade do autor.

A Editora EME mantém o Centro Espírita "Mensagem de Esperança", colabora na manutenção da Comunidade Psicossomática Nova Consciência (clínica masculina para tratamento da dependência química), e patrocina, junto com outras empresas, a Central de Educação e Atendimento da Criança (Casa da Criança), em Capivari-SP.

1ª edição – fevereiro/2015 – 2.000 exemplares

CAPA | EME
DIAGRAMAÇÃO | Marco Melo
REVISÃO | Izabel Braghero

Pinheiro, Luiz Gonzaga, 1948
    Tudo leva ao amor / Luiz Gonzaga Pinheiro – Capivari, SP : Editora EME.
    144 p.

    ISBN 978-85-66805-52-9

1. Espiritismo. 2. Poemas.
3. Exaltação ao amor. 4. Virtudes cristãs.
I. Título.

CDD 133.9

Dedicatória

*Aos meus amigos encarnados e desencarnados.
Aos amigos que terei; aos já abraçados
e aos que abraçarei um dia.*

Sumário

Introdução	11
A amizade	13
Calma	15
Pequenas lições do deserto	17
Frases tristes	19
Arrependidos	21
Lições de um anjo guardião	23
O jeito certo	25
Quando o amor chegar	27
Receita para se tornar poeta	29
Renascimento	31
Reveses	33
Se liga!	35
Valores	37
Movimento	39
A borboleta	41
A imensidão	43
A razão	45
A solidão do Chico	47
Acolhimento	49
Agradecimento	51

Anjos da Terra 53
Anjos na penumbra 55
Aprendizagem 59
Armas e escudos 61
Autorretrato 63
Belas frases 65
Basta um toque 67
Conselhos 69
Crianças 71
Declives 73
Encaixes perfeitos 75
Escrever na areia 77
Firmeza 79
Flores 81
Fragmento de biografia 83
Frases sobre o mar e afins 85
Gotas 87
Grito de alerta 89
Imaturidade 91
Inspiração 93
Lições 95
Mãe das dores 97
Mudanças 99
Mundo maravilhoso 101
O amor 103
O bolo de Sarah 105
O guardador de corações 107
Um milhão de amigos 109
O triângulo perfeito 113

Olhos de ver	115
Pausa	117
Paz	119
Ponte	121
Preces	123
Receitas	125
Senhor do tempo	127
Silenciar	129
Sonhos	131
Tu e a Lei	133
Tudo outra vez	135
Vencedor	137
Vida e morte	139
Voar	141
Conclusão	143

Introdução

TUDO LEVA AO AMOR traz poemas e textos poetizados que visam mostrar a beleza da vida. São momentos de reflexão e deleite para o espírito que, mergulhado na luta pela sobrevivência, no estresse de um mundo de provas e expiações, nem sempre consegue observar as maravilhas ao seu redor e, mais especialmente, dentro de si.

A música, a pintura, a poesia, dentre outras artes, são medicamentos para a alma; calmantes que o Criador deixou à disposição de todos para contrabalançar o sofrimento e a afobação que às vezes atropelam.

Os poemas falam diretamente aos sentimentos; dirigem-se ao relicário de boas lembranças que todos gostamos de guardar. Conseguem invadir o coração, o cérebro, promover regressões de memória, reviver momentos que julgávamos sepultados na poeira do tempo.

Um bom poema é como um despertador de boas lembranças. E se o leitor não consegue conexão com elas, ele faculta o início de outras. É também um método de autoajuda, pois retirando por momentos a turvação da mente deixa-a limpa para viajar no texto e compor novas histórias particulares tal qual exponho aqui. Mas o poeta é também um terapeuta, pois, à sua maneira combate a tristeza e contribui para a formação de mais luz no mundo. Faz aflorar a sensibilidade que, geralmente, fica reprimida por força do estado de alerta e o instinto de sobrevivência que um mundo agressivo impõe como prioridade àqueles que o habitam.

É um prazer e uma alegria contribuir para que alguém se descubra, recorde, reviva emoções, se deleite ou mesmo apenas leia sem acionar seus gatilhos interiores, os textos escritos com pensamentos e palavras que escutei na minha convivência com os amigos espirituais.

Que você, amigo leitor, possa por um instante esquecer mágoas, lembrar da infância, pensar nos amores distantes, abraçar os amores circundantes, e quem sabe até, ousadamente, dançar livre, sob o assombro dos que conversam na sala-de-estar.

Boa leitura e excelente refinamento em suas emoções com esses textos que nos levarão, infalivelmente, ao amor.

A amizade

A AMIZADE É AQUILO que nos torna belos sem estarmos maquiados.
É quando retiramos a trava de todos os bons sentimentos para nos doarmos em espírito para alguém.
A amizade não liga para dicionários, pois para ela amigo é sinônimo de festa.
Distância não quer dizer afastamento.
Um não é sempre um sim adiado.
A amizade é seletiva. É um sentimento que dedicamos às pessoas que conseguem nos tocar a alma.
Raríssimos são os que possuem as senhas que abrem, de verdade, um coração.
Fidelidade.
Sinceridade.
Cordialidade.
Amor.
Respeito.
Compreensão.
Coração sem fechaduras. Assim é a amizade.
Não é que nosso nível de exigência seja muito.
Os amigos verdadeiros é que são poucos.

Calma

CALMA! SE AINDA não conseguistes perdoar, não te permitas odiar.
Deixa que o tempo, esse devorador de ofensas, leve tuas angústias para o túmulo das agressões.
Não vale a pena esquecer o Sol, se afastar do mar, ignorar o céu, pisar nas flores por causa de alguém que te feriu.
Seria prejuízo demais desprezar tudo ao teu redor por causa de uma mágoa surda ou um ódio camuflado.
Responde à ofensa com o silêncio. Quem troca sua paz por um insulto prova que é péssimo negociador.
Conserva teu bom humor. Uma boa gargalhada afasta mil preocupações.
Põe a tocar aquele CD que te emociona e que conservas guardado para fortalecer tuas boas lembranças.
Retira da gaveta aquele álbum de fotos antigas. Verás que já vivestes centenas de emoções suaves e que tudo isso não pode ser esquecido ou trocado por uma ofensa.
Lê um bom livro. Um bom livro é como um barco, que ao descrever um arco, te transporta para águas calmas.
Recorda dos amigos e verás que são em maior número do que os que te atormentam.

Se conseguires, faz uma prece. Uma oração é um escudo contra a amargura e o desassossego.

Se entristeceres terás dado ganho de causa a teu agressor, pois esse era o seu desejo.

Haja o que houver não abdiques da tua serenidade. Um passo, uma prece, pois arar é também orar.

Em qualquer situação conserva tua calma e caminha confiante na bondade divina que distribui a cada um conforme tenha semeado.

Esta é a forma que o cristão utiliza para responder a qualquer agressão. E é assim que as farpas atiradas retornam para quem as atirou.

Pequenas lições do deserto

Deserto não é apenas um lugar sem água e vegetação. É também um coração sem fé.

Toda tristeza tem, obrigatoriamente, seu encontro com a alegria.

A ingratidão, o egoísmo, o orgulho, também provocam grandes erosões no coração humano.

A vida é persistente. Mesmo ameaçada pelo deserto inteiro algumas sementes brotam.

A desculpa do egoísta é que a vida pode não ser generosa para com ele.

Nenhuma vida é totalmente deserta. Caminhando mais um pouco, sempre encontrará água.

Tudo tem sua beleza. Quem não vê beleza no deserto, não a vê em lugar nenhum.

Se a visão interior do espírito for um deserto, não adianta ele habitar uma exuberante floresta, pois sempre verá um deserto.

Ninguém encontra Deus sem passar por grandes desertos.

— • —

O deserto é o lugar onde se aprende a valorizar coisas simples.

— • —

Profetas costumam ir ao deserto para meditar sobre o valor das coisas. Lá ouro chama-se água e prata chama-se pão. Esta é a primeira lição de todo deserto.

— • —

Grandes desertos mostram ao homem o quanto ele é pequeno.

— • —

Aprende a suportar a sede, tu que tens desertos a atravessar.

— • —

Ninguém inicia a travessia de um deserto sem água e esperança.

Frases tristes

Depois de décadas convivendo com desencarnados, ouvi deles algumas frases carregadas de arrependimento que jamais consegui esquecer.

Odiar tanto não valeu a pena.

Devia ter aproveitado melhor o tempo.

Por que não me interessei pelas coisas do espírito?

Devia ter abraçado mais meus filhos; dito a eles que os amava.

Pensei que ia viver mais tempo.

Gastei o tempo amealhando bens. E para quê?

Entrei no espiritismo, mas infelizmente ele não entrou em mim.

Foram tantas reuniões, que não vi meu filho crescer.

Pensei que a morte só chegasse para meu vizinho.

Tanto orgulho dos meus títulos e eles aqui não valem nada.

Pensei que seria melhor recepcionado. Fui a tantos cultos.

Aprendi que nem sempre quem morre santificado na Terra aparece santificado no céu.

Ia deixar para fazer caridade quando me aposentasse.

Ser médium dava muito trabalho, por isso abandonei o espiritismo.

Cometi um grande erro. Não valorizei o estudo.

Para mim essas histórias de espíritos eram coisas de folclore ou de gente ignorante.

Só tenho a culpar a mim mesmo pela minha desventura.

E eles continuam voltando à reunião mediúnica, carregados de tristeza, soprando os mesmos lamentos.

E eu continuo escutando e repetindo que Deus é Pai de misericórdia e que não desampara nenhum dos Seus filhos. Que se preparem melhor para novas oportunidades.

Arrependidos

Nasci no dia de finados. Cheguei com uma caravana de mortos saudosos e arrependidos.

Saudade do que poderiam ter sido; arrependidos do que foram.

Defensor de falácias, capturado pela teia da vida, despertei em pequeno lago acolhedor.

Depois de meses em silêncio, a porta se abriu e dei meu grito de guerra ao amanhecer.

Vivi os primeiros anos entre a poesia e a rebeldia do povo. Trabalhadores, prostitutas, ingênuos, resignados, homens duros como o ferro.

Um dia me enviaram à escola. Foi o primeiro prêmio que ganhei somente percebido quando aprendi a ler.

Foi com a leitura que comecei a entender a alma das pessoas. O mundo ao meu redor, cercado de beleza não percebida por elas.

Dizem que é um mundo hostil, mas nele vejo a beleza mesmo entre pedras do caminho.

Não consigo entender por que o ouro é mais importante que um peixe e um diamante mais valioso que uma árvore.

Por que sujam a água que bebem? Por que maltratam o que lhes acolhe e sustenta? Somente o atraso moral justifica a indiferença para com a vida e suas obras.

Só um louco amontoa o que não pode comer ou beber.

Só uma alma enferma troca beleza e segurança por falácias e prisões posteriores.

Por isso eles continuam voltando nos dias de finados, saudosos e arrependidos; saudosos do que poderiam ter sido; arrependidos do que foram.

Lições de um anjo guardião

VEJA DEUS COMO um poeta e a natureza como um poema. Essa é uma boa maneira de nos sentirmos versos e rimas.

A BORRACHA QUE apaga os erros do nosso passado chama-se trabalho.

QUEM ESPERA MUITO dos outros tem sempre poucos amigos.

O MAIOR LADRÃO da nossa paz é o egoísmo.

QUEM CONQUISTA A caridade já percorreu meio caminho entre a Terra e o céu.

TODA LÁGRIMA É uma carta com mil páginas.

A DIFERENÇA ENTRE uma flor e uma pedra, quando atiradas, é que a flor fere mais fundo.

A ALEGRIA É uma bússola sempre voltada para a saúde.

NINGUÉM NASCE PARA ser escravo, mas poucos sabem construir sua liberdade.

AS CURVAS DO caminho são oscilações dos nossos desejos.

Os HOMENS SÓ temem a dor porque ainda não descobriram que ela é mais remédio do que doença.

—•—

UM AMIGO, ANTES de ser uma confirmação de apreço, é uma prova de certeza.

—•—

TUAS PALAVRAS QUANDO necessárias podem valer muito, no entanto, teu silêncio, bem aplicado, pode ser teu maior tesouro.

O jeito certo

HÁ UM JEITO certo de olhar as coisas, pensava.
E fui timidamente buscando os picos das montanhas, os pássaros, detendo-me nas nuvens para soprá-las.
Deixando-as, busquei as estrelas.
E o escuro depois delas.
E o escuro depois do escuro.
Mas quando cheguei além do escuro, os que lá estavam pensavam o oposto.
Que o jeito correto era começar pelo escuro.
Se alongar pelas estrelas, navegar pelas nuvens, afagar os pássaros, descer pelas ladeiras, escorregar, até chegar às pedras.
Foi então que entendi que a melhor maneira de subir era descer.
E o melhor modo de crescer era diminuir.
Entendi, finalmente, o verdadeiro significado da vida.

Quando o amor chegar

Quando o amor chegar.
Que seja lindo!
Que apague da minha alma as falsas promessas de outros que se fizeram por ele passar.
Que me faça desaprender a descrença e sepultar as mágoas daqueles que juraram ser os únicos.
Quando o verdadeiro amor chegar que não me encontre embrutecido na indiferença ou amargurado no revide.
Que chegue silencioso e manso, sem nada pedir, pois tudo terei doado aos que se diziam eternos.
Que não critique meus sonhos, não me julgue ingênuo ou covarde.
Que traga seus lenços, unguentos e poucas palavras, pois quem ama espera sentimentos.
Que saiba reconstruir o que outros destroçaram e valorizar o que tantos desprezaram.
Que traga esperança, muita esperança nos olhos e verdades nas mãos.
Que tenha fé, pois não acredito em amor sem fé.

Que seja atento, sonhador e simples, pois amar é um gesto simples.

Que apenas se entregue, pois saberei identificá-lo pelos seus toques.

Receita para se tornar poeta

NINGUÉM SE FAZ poeta, nasce poeta. Essa frase quase me fez desistir de entender o espírito das coisas.

Para despertar a poesia adormecida na alma, dizem, o poeta precisa passar por grandes aflições.

Pode até não ser grande para homens insensíveis, mas para um poeta toda aflição é grande e vale a pena entendê-la. Assim comecei a caminhar.

Primeiro foram as lágrimas. Já chorei por amor, por fome, de emoção, por ver a beleza, diante de velhos, de flores, de livros, com os amigos; chorei de todas as maneiras, silenciosamente ou com ruídos.

Também já senti muitas dores. A dor da perda, da traição, da revolta, da solidão, do esquecimento, até que me acostumei com elas. Foi quando parou de doer.

Tive as brincadeiras da infância trocadas por trabalho, noites podadas, dias de medo, sonhos quebrados.

Trago muitos riscos na pele, poeira nos olhos e jamais recebi um abraço do meu pai, embora tenha vivido meia vida com ele.

Já menti para não apanhar e apanhei para não mentir. Meu riso foi abrindo aos poucos, como quem transporta uma montanha com uma colher.

Já tive filhos, netos e tudo isso aprimorou meu sentimento, tradutor da poesia que enxergo.

Já vi desertos, montanhas, jardins e estrelas tão distantes que quase não as alcanço.

Já morri muitas vezes e sempre consigo uma maneira de voltar à vida.

Mas por tudo isso muitos passam e não conseguem extrair um único verso que emocione alguém.

Porque a poesia só se deixa despertar com fé em Deus, amor pela vida e esperança no coração.

Foi o que descobri com as cascatas de luz que caíam sobre mim quando me libertava de mim.

Então entendi: ninguém consegue receber do céu aquilo que não é capaz de conquistar na Terra.

E concluí: a poesia está ao alcance de qualquer um que se enamore dela.

Renascimento

TODO SER VIVO nasce, cresce, reproduz e morre. Isso é o que afirma a biologia no presente estágio.
E renasce, diz o espiritismo.
Todo ser vivo traz em si próprio sua possibilidade de retorno.
Sepultada a semente, eis que a árvore frondosa volta ao cenário da vida.
Pessoas também produzem sementes. Espermatozoides e óvulos são as sementes do corpo.
Utilizando-as, o espírito reencarna.
É o desejo de perpetuação e crescimento que impulsiona a corrente da vida.
É assim que vírus e bactérias se duplicam.
Animais e vegetais fazem cópias de si mesmos.
Planetas, satélites, galáxias, nascem, iluminam os céus e se apagam.
Mas renascem da poeira de seus corpos.
Nossas próprias células reencarnam dezenas de vezes no corpo.
Tudo renasce na natureza. Seria estranho que em um mundo onde tudo retorna apenas o homem fizesse uma

viagem definitiva.

A evolução é como um pêndulo que ora nos envia para o berço e ora nos empurra para o túmulo.

Nossos sentimentos velhos e imperfeitos cedem espaço para outros mais iluminados.

A vida é uma ciranda interminável.

Se agora estamos aqui logo mais poderemos dançar em Sírius ou Aldebarã.

Assim é a vida. Quem desaparece de um lugar sempre desponta em outro.

Não há existência concluída, pois ela é um eterno vir a ser.

O espírito é um viajante no tempo e no espaço.

É também o artesão de si próprio.

Digamos com base em tais palavras e confiantes na bondade divina:

Todo ser vivo nasce, cresce, reproduz, morre...

Mas renasce para a glória de Deus, dirá a biologia logo mais.

Reveses

Quase sempre chegamos a este mundo, medrosos, mas carregados de sonhos e de esperanças.

Imaginamos encontrar um caminho azulado, braços acolhedores, palavras de veludo que penetrem doce em nossos ouvidos.

Julgamo-nos grandes, merecedores de atenção especial, diferentes dos outros. Um diferente sempre para melhor.

Mas parece que uma mão invisível desfaz os sonhos e as paisagens vão mudando a nosso desfavor.

Dos milhões de rosas esperadas e a vida só oferece uma.

Nas viagens tão acreditadas o barco volta vazio.

A antevisão dos caminhos floridos se modifica, aparentando aridez, desconforto e solidão.

Parece que nuvens escuras invadem o cenário, antes pintado com um milhão de cuidados.

Leva algum tempo para descobrir que aquilo era o "dever de casa" cobrado pela escola da vida.

Que não é tão longo nem tão pesado como supúnhamos. Está na medida certa das nossas forças e possibilidades.

Quando despertamos a tempo e apelamos para os céus com humildade e fé o cenário muda.

E descobrimos que estávamos certos; que somos grandes, merecedores de atenção especial, que podemos voltar melhores e mais fortes do que estávamos na chegada.

Se liga!

No chamado: existe uma doutrina que não é apenas a religião do futuro, mas o futuro da religião: o espiritismo.

Na certeza: bom mesmo não é que você entre no espiritismo, mas que o espiritismo entre em você.

Na realidade: o espiritismo não é simplesmente religião. Trata-se de uma doutrina filosófica, cujo tripé, razão, lógica e racionalidade, leva a consequências morais.

Na informação: não existe kardecismo, pois Kardec não inventou a doutrina. Existe apenas espiritismo.

Na dedução: não existe espiritismo de mesa branca, alto ou baixo espiritismo. Só existe espiritismo.

No aviso: o espiritismo não fornece informações sobre encarnações de pessoas, não faz apologia ao sofrimento, não promete curas ou milagres.

No complemento do aviso: Kardec também não criou a reencarnação ou a mediunidade, apenas esclarece sobre a primeira e ensina como educar a segunda, que é uma faculdade humana.

Na constatação: os espíritos ao optarem por um pedagogo, e não por um religioso, deixaram claro que o espiritismo deveria ser mais escola do que igreja.

No lembrete: veja o que não temos no espiritismo:

Uso de velas, defumadores, incensos, altares, imagens, vestimentas especiais, bebidas, paramentos, sacramentos, casamentos, batizados, hinos e cantarolas nos cultos, amuletos, patuás, escapulários ou adereços de qualquer natureza.

No alicerce sólido: tem na caridade a virtude maior e em Jesus, guia e modelo a ser seguido.

Na regra de ouro: amai-vos e instruí-vos!

Valores

Minha mala de viagem é muito pequena, mas guarda tesouros extraordinários.

Saudade de algumas pessoas, um pouco de ciência, a beleza da vida, o silêncio das orações.

Tudo quanto preciso levo em mim mesmo, em pequeno espaço da imensidão do meu espírito.

Alguns conselhos de minha mãe seguem no bolso. Preciso deles constantemente.

Os livros que selecionei como bons guias estão na mente para que participem de minhas decisões.

O jeito tímido de quem percebe muito e nada revela, vai na pele.

Os olhos de menino travesso são a minha marca. Nunca pude escondê-la.

A poesia suave de Jesus grudou-se na memória, embora me faltem forças para praticá-la.

A simplicidade é a amante dos meus gestos. Acho que nasci com ela.

O amor, pequeno como um grão de mostarda, levo nos dedos, pois às vezes quer se expressar pela escrita ou pelo afago.

O abrigo onde mora quem amo vai no peito, numa pequena caixa que chacoalha, cercada de poemas e canções por todos os lados.

A inspiração é minha hóspede permanente. Está nas veias.

Por isso sigo tranquilo. Quem poderia roubar tais valores?

Movimento

Do movimento dos átomos surge a matéria.
Do movimento das notas nascem as canções.
O movimento das letras é berço de poemas.
Vida é movimento.
O repouso foi criado pela imaginação, que é um movimento do espírito.
Por isso penso no infinito. No meu encontro com ele.
Sei que quando encontrá-lo me aguardam outros infinitos.
Mais um instante, alguns movimentos e já não estarei aqui.
A régua do espaço, o relógio do tempo e a roda vida me levarão para além da linha do horizonte.

A borboleta

NINGUÉM PASSA PELO mundo sem um encontro com o sofrimento.

A função deste incômodo companheiro é desgastar o corpo para abrilhantar a alma.

O corpo é como uma lagarta que se arrasta pelo pântano em busca de detritos.

A borboleta é a alma que busca o céu, pois tem sede de perfume e de liberdade.

O sofrimento envolve o corpo com pesado manto de aflição deixando a alma aprisionada em um casulo.

No casulo opera-se a transformação do corpo, que perde camadas inúteis fazendo surgir uma pele brilhante e macia.

Utilizando a resignação a alma vai construindo asas para que possa elevar-se aos planos sublimes.

E espera que o tempo opere o milagre da transformação.

A vida do espírito é parecida com a vida da lagarta. Partindo da simplicidade e da ignorância, quase sempre com a ajuda do sofrimento, chega ao céu com suas próprias asas.

Da alimentação grosseira chega ao néctar; do corpo feio atinge a beleza; da limitação do rastejo alcança o voo livre.

Temos a escolha de apressar ou não a nossa metamorfose. Voar ou rastejar é uma decisão de cada um.

Pisar na lama ou pousar em flores é uma decisão pessoal e intransferível, pois na estrada evolutiva cada um escolhe seu leito.

A vida é feita de escolhas; para ganhar algo perdemos alguma coisa. A sabedoria está em perder sempre aquilo que nos prende.

A vida é uma batalha no casulo da eternidade.

A cada existência ficamos mais leves, pois a capa da lagarta vai se transformando nas asas da borboleta.

De repente não mais nos arrastaremos. Nossa leveza será surpreendida pelo vento que nos impulsionará para cima.

E quais borboletas teremos nosso encontro definitivo com Deus.

A imensidão

Para onde dirijo os olhos vejo a imensidão.

A imensidão dos caminhos, das luzes, das cores, da beleza.

Mesmo no átomo imagino mundos que giram a desafiar minha mente e a minha capacidade de imaginação.

A imensidão é a marca de Deus. Uma imensidão de amor, de ciência, de poder, de inteligência.

Mas como não se perder na imensidão?

Com a sintonia. Quem sintoniza Deus não vacila, nem adentra atalhos pantanosos.

A luz, bússola divina, o orienta a cada passo, levando-o sempre a portos serenos e seguros.

É impossível não se sentir pequeno diante da imensidão. De imediato, ela nos lembra duas lições: a grandeza de Deus e a pequenez humana.

Mas ao se permitir entender e devassar, lembra-nos, também, que somos parte do seu poder.

Para o astronauta no azul do céu, Deus parece flutuar.

Para o navegante no mar, Deus parece cantar.

Para o caminhante no deserto, Deus parece bailar nos grãos de areia que o vento leva.

Para os homens da cidade, Deus parece dormir.

A imensidão sempre nos lembra Deus porque ninguém poderia tê-la feito senão Ele.

Por isso a respeitamos. Diante dela somos tomados por um misto de temor e êxtase, encantamento e espanto.

Mas quando conquistamos olhos de poeta a vemos em tudo.

Na gota de chuva, no cristal de neve, no verme que foge da luz.

O espírito é uma imensidão de pensamentos, de emoções, de possibilidades.

Diante da imensidão importa-nos saber aonde ir, porque ir, como ir.

Aonde ir: para onde Deus nos mandar.

Por que ir: porque sempre é o melhor caminho.

Como ir: levando-O conosco.

Interessa-nos saber que Deus é amor e segurança.

Que com Ele qualquer imensidão será mais um presente para nossa alegria e deslumbramento.

Que a imensidão é feita de amor e amor é tudo quanto restará ao final de todas as batalhas.

Que não existe imensidão nenhuma para quem é ela própria.

A razão

Quantos sonhos em minha vida desfilaram
E os enterrei sob a cal do meio dia
E a cada sonho desbotado que morria
Criava outro, com os destroços que ficavam

Sonhos ingênuos, infantis, apaixonados
Sem substrato, nem largo nem fundo
Desses que vê no carrossel do mundo
Fadas, duendes e castelos encantados

Mas veio a vida com martelos e açoites
E me mostrou na escuridão das noites
A razão como um abrigo na procela

Foi da razão que surgiu mais este sonho
O último, que ao sonhador proponho
Buscar a luz e caminhar com ela

A solidão do Chico

Todo homem que caminha sobre a Terra inspirado pelo amor é solitário com Deus, mas solidário entre seus iguais.

Mundo estranho este onde o que ama é assediado e explorado em nome da caridade.

Os pedintes reclamam compreensão e faltam com ela; precisam de amor, dizem, mas sufocam com egoísmo aquele que o oferta.

Querem uma caridade de mão única, como se o doador fosse imune ao sofrimento e à exaustão.

Quem tem olhos de ver nota um verdadeiro massacre sobre alguém indefeso, vitimado pela incompreensão dos que querem atendimento a qualquer preço.

O doador exercita ao máximo a paciência e a humildade a fim de não se mostrar incomodado, inadaptado, ou falar francamente que precisa de um pouco de solidão.

Mesmo cansado e doente tenta atender a todos e ter respostas para cada caso apresentado.

Para os pedintes ele não sente dor, não tem fome, sede, doença e nem direito a se aborrecer, ficar deprimido ou magoado.

E como a bondade é coisa rara no mundo, ainda por muito tempo quem a externar continuará ilhado pela necessidade, pelos pedidos, elogios, exigências, deixando de ser o dono do seu tempo, sua vontade, seu descanso.

Nesse aspecto Chico foi exemplo. Deixou-se consumir como o pavio de uma vela para iluminar quem o rodeava.

E deixou um rastro de luz tão forte, visível até mesmo por quem não acreditava no amor.

Acolhimento

Quando vejo a luz do céu se derramar
Por sobre toda natureza em festa
Meu coração, que participa da seresta
Aquieta-se e se prepara para orar

E agradece pelo amor tão delicado
Que cobre a mais ínfima criatura
Que afaga e acolhe e limpa e cura
Deixando o mundo calmo e perfumado

É que o amor de Deus é forte e tanto
Que se espalha no mundo, e no entanto
Não cessa de crescer a cada dia

E o homem, carente desse imenso amor
Qual se tivesse vocação de perdedor
Rejeita-o, preferindo a vilania.

Agradecimento

Senhor! Eu que tanto reclamo, blasfemo e incomodo com meu desassossego, aqui estou para Te agradecer por tanta paciência para comigo.

Queria desculpar-me pelo meu mau humor diante dos tropeços, tão ínfimos frente à bondade com a qual me tratas.

E dizer que deliberadamente fingi estar muito ocupado quando a paciência tentou um afago.

E que dobrei caminho para não encontrar com a necessidade.

E que adormeci, com medo de enxugar uma lágrima.

Mas estava lúcido quando a indiferença pediu-me hospedagem. E eu a abriguei.

Quero agradecer por jamais me repreenderes nessas horas e por não mencionares tua tristeza frente à minha fraqueza.

Eu que falei de amor e não consegui amar.

Que decorei teus poemas, mas não os vivi.

Que te admiro tanto mas vivo te decepcionando.

Muitas vezes senti tuas mãos caridosas nas minhas quedas.

Tua inspiração vigorosa sempre me mostrou a beleza, a bondade e a paz.

Mas meu orgulho dizia que tudo vinha de mim mesmo, da minha parca ciência.

Sei que notaste quando fingi não te conhecer na indigência alheia.

E quando representei, qual ator dramático, sentir a dor dos meus irmãos.

E quando te chamei de Mestre, de Salvador e de Senhor, sem conseguir sequer ser Teu amigo.

Portanto, pelo menos hoje, queria agradecer por tanto amor que me dedicas.

Eu que para Ti sou distância, felizmente, enamorada pelo desejo de ser aconchego.

Obrigado, Senhor! Tua presença enche minha ausência de paz.

Anjos da terra

Poucos homens me fariam subir em uma oliveira, qual Zaqueu, para avistá-los e recebê-los em minha casa.

Um deles é o pai dos doentes e dos desesperados, doutor Bezerra de Menezes.

Outro é Chico Xavier, o amigo incondicional dos aflitos e dos obsidiados.

Não é que não existam anjos mais luminosos do que eles. Mas é que eles recusaram estar nos mundos superiores onde têm morada, para permanecerem ao lado da dor mais pungente.

Não que outros não amem a pobreza, aos desvalidos, aos que choram, mas é que estes os buscam sem que sejam solicitados, amparam sem perguntas, amam sem restrições.

Ambos não medem as horas, a situação, as dificuldades, as montanhas ou desertos a que terão que enfrentar para levar auxílio.

O primeiro é a personificação do amor ao próximo atuando na área médica. Veio ao mundo para ser o referencial do acolhimento à dor e ao desespero.

O segundo veio para exemplificar a caridade plena,

material e moral, a humildade do capim em meio às escassas roseiras.

Doutor Bezerra continua sendo o médico dos pobres, o pai dos doentes, a esperança dos condenados e dos arrependidos.

Chico Xavier é a água dos sedentos, o antídoto da desesperança, a barreira da lágrima.

Bezerra é o amor meigo, que envolve até mesmo os espinhos sem a preocupação de se ferir.

Chico é o amor ternura, que estanca a sangria moral sem medo de contaminação.

Ambos são frutos da imensa árvore da generosidade divina.

A função de cada um é espalhar o perfume da fé, da esperança e da caridade até que todos se sintam libertos do egoísmo, do orgulho e da descrença.

Até que a dor esteja definitivamente ausente deste mundo de provas e de expiações, onde semeiam seu amor.

Até que Deus os envie para outra morada onde as aflições estejam atormentando os corações humanos.

Anjos na penumbra

A ELETRICIDADE, PARA ser utilizada com segurança, é produzida em grandes hidroelétricas e reduzida em seu potencial sucessivas vezes até atingir o nível suportável pelos frágeis aparelhos domésticos.

É assim que se comporta o amor divino. Deus é a potência geradora, os bons espíritos são os redutores e nós os frágeis aparelhos que nos servimos da Sua energia.

Por isso somos essa mistura de humano e divino e ora nos comportamos como anjos e ora como simples mortais.

Enquanto humanos, entre lençóis, nosso amor necessita de toques, de sussurros, de promessas, mesmo que não se cumpram.

Mas na condição de pais, de irmãos, de amigos, sabemos ser fiéis, amorosos e somos capazes de grandes sacrifícios. É o amor divino em sua manifestação.

Quando ofendidos revidamos. O ódio se apodera de nossas ações e a vingança nos mede os passos. É assim que, humanamente, colocamos em nossa alma os interruptores do amor divino.

Mas quando nos apaixonamos colhemos flores, fazemos poemas, preces, atravessamos desertos, choramos e somos capazes de dar a própria vida por quem amamos. É a nossa parte divina em evidência.

Se contrariados fazemos guerras, construímos fortes, armazenamos pólvora, aprisionamos e torturamos nossos irmãos. Somos então, inferiores aos animais, que só se desentendem em competições por alimento, por espaço e em defesa da vida.

Mas nas grandes catástrofes, nos unimos, choramos juntos, trabalhamos juntos, cosemos nossas mortalhas e enxugamos as lágrimas uns dos outros.

Nesses instantes aumentamos nossa voltagem e brilhamos como anjos na escuridão.

Somos insensatos. A quem juramos amar, às vezes mandamos embora. Apunhalamos amigos e abrigamos inimigos se isso nos traz vantagem; deixamos crianças morrer e abandonamos os velhos. É o apagão momentâneo do amor.

Mas também agimos com lucidez invejável quando defendemos a natureza, construímos abrigos, lutamos contra o aborto e doamos órgãos, mesmo quando precisamos deles.

Somos humanos a caminho do divino.

Nessa caminhada nos aproximamos e nos afastamos do amor, energia que nos sustenta e motiva. Constantemente nos admiramos com a nossa força e nos decepcionamos com a nossa imaturidade.

Vemos a luz e quais mariposas somos atraídos. Mas

não recusamos o convite da penumbra para permanecer mais um pouco com ela.

Ainda somos frágeis embarcações no imenso mar de emoções e sentimentos no qual nos debatemos. Mesmo com a bússola e o mapa em mãos, teimamos em desviar o caminho, indecisos entre o porto da paz e a enseada das paixões.

Ainda atravessaremos mares revoltos, sofreremos naufrágios, lançaremos ao mar pesada carga de material inútil até aportarmos na terra prometida.

Ainda serão necessárias milhares de tempestades para, enfim, nos decidirmos pela calmaria.

Ainda enterraremos muitos mortos até que a vida, definitivamente, seja vitoriosa.

Mas um dia! Ah, um dia! Brilharemos tanto que formaremos com Deus a grande constelação da luz. Seremos como estrelas ao lado do grande Sol que inunda de brilho todo o Universo.

Aprendizagem

APRENDIZAGEM NÃO É apenas coisa de escola.

É questão de momentos; de todos os momentos da vida.

Aprende-se com a natureza, sobretudo, no tema da generosidade, assunto do capítulo das doações.

Aprende-se com a morte. Sua principal lição é o recomeço.

Aprende-se com o silêncio a inestimável lição de escutar a si mesmo.

Aprende-se com as crianças a vivenciar a sinceridade, a simplicidade, a esquecer rapidamente as ofensas, a encarar a vida como um grande parque de aprendizado. O nome desse curso chama-se leveza.

Aprende-se também com os velhos. Caminhar mais lento, ver as coisas pelo lado de dentro, ser menos severo com os equívocos alheios, relembrar muitas vezes uma boa história, são algumas de suas lições.

Aprende-se com a dor. Muitas virtudes são filhas dela. A humildade, a compaixão, o acolhimento, a esperança... A dor é o esmeril da indiferença.

Aprende-se com os amigos, principalmente quando

se está em dificuldade e dependente deles. Não esquecer de que a decepção faz parte deste capítulo.

Mas também aprendemos com os inimigos. Eles não escondem nada quando querem demonstrar quem somos.

Aprendemos com a dificuldade. A partilha é o antídoto da fome. Este é o resumo da sua lição.

Aprendemos com a religião. Somos quais pedras brutas. A religião é a escultora que nos transforma em obras de arte.

Aprendemos com os criminosos. O fracasso de cada um deles é um sinal de advertência nas esquinas da nossa vida.

Aprendemos com a solidão. Se a adotarmos como mestra ela nos revela um segredo que acaba por destruí-la. Ninguém está só.

Aprendemos com a ciência, a filosofia, mas muito mais com o amor. O amor nos ensina a ler em qualquer idioma, perdoar agressões, descobrir enfermos mesmo quando trajados de terapeutas.

A vida é uma imensa escola de amor, pois tudo que nos acontece visa nossa intimidade com ele.

Se enfrentamos problemas, enfermidades, agressões ou medo, estejamos certos de que isso são riachos a desaguarem no grande mar do amor.

O amor é o idioma falado por Deus, por isso estamos em aprendizagem na Terra para entendê-Lo. Isso é o resumo de tudo.

Armas e escudos

Do doutrinador: disciplina e caridade.
Do médium: vigilância e oração.
Do cristão: fé e esperança.
Do espírita: renovação moral e perseverança.
Do orador espírita: estudo e humildade.
Do passista: desejo de servir e misericórdia.
Dos que conduzem: imparcialidade e capacidade de servir.
Dos conduzidos: desprendimento e tolerância.
Do escritor espírita: simplicidade e fidelidade.
De qualquer pessoa: amar a Deus e ao próximo como a si mesma.

Mas como a parte está no todo e o todo está nas partes e como em um centro espírita todos devem velar por um e velar por todos, tudo que foi escrito serve para um e é válido para todos.

E tudo que não foi dito e que se possa imaginar de positivo é obrigação de todo o planeta.

Autorretrato

Não sou uma pessoa somente. Sou velho, criança, guerreiro, poeta, religioso, vadio, enfim, sou um mundo desconhecido, apenas explorado na periferia.

Ainda procuro um lugar onde existam estrelas, pomares e livros.

Gosto do silêncio expressivo; aquele que traz revelações que as pessoas não fazem.

Não adianta olhar-me por fora; minhas certezas estão por dentro.

Para mim não existe sobrenatural, insondável ou inatingível. Só momentâneo desconhecimento.

Descobri que certas coisas são inegociáveis: a beleza, a honestidade e a liberdade.

Só por estas coisas vale a pena chorar: o amor, o desprendimento, o perdão.

Nada é mais importante para o sábio do que o olhar profundo sobre o tudo e o nada.

Já cacei palavras, hoje procuro sentimentos.

Já me interessei por tesouros; hoje busco emoções.

Gosto de coisas antigas: fidelidade, disciplina, noites silenciosas.

Não gosto de endeusar ninguém. Aprendi quando criança que só existe um Deus.

Para mim, a maior de todas as enciclopédias é a intuição.

Nunca interpretei a fé como um sentimento isolado, mas como mãe da lógica e do bom-senso.

Cada poeta tem o seu barco. O meu é de flores.

Penso que os ouvidos da poesia estão sempre voltados para as crianças.

Na mata verde nenhuma cena é mais bonita do que o luar sobre os ipês floridos.

Podemos mensurar o valor de um homem pelo tamanho da sua simplicidade.

Quando ficar doente curem-me com músicas de Mozart, Chopin, flautas e pianos.

Belas frases

Deus é luz, mas a escuridão não significa Sua ausência.

O amor é a essência da qual tudo foi gerado.

Sem compaixão ninguém se aproxima de Deus.

O perdão é um medicamento que ministramos a outros para curar a nós próprios.

A escada da evolução tem um degrau difícil de transpor: a renúncia.

A caridade é a linguagem falada por Deus quando quer discutir nossos erros.

A paciência é uma virtude que não tem pressa de se entregar.

A dificuldade para entendermos Deus vem da nossa ingratidão de filhos.

Quem quer uma senha para todas as portas deve buscar a humildade.

A traição é uma gota de ácido nas pétalas do sentimento.

ÀS VEZES UM toque de mão é uma história para uma vida inteira.

A SAUDADE É um leito que o amor prepara quando precisa se afastar.

A LÁGRIMA É um sentimento que se torna visível.

PARA ENTENDER O poder do deserto precisamos começar pelo grão de areia.

UMA CERTEZA LEVO desta vida: não há dor eterna.

A SENSAÇÃO DE vazio pode ter origem na abastança.

OS HOMENS VERDADEIRAMENTE grandes que passaram pela Terra foram mansos e pacíficos.

A INQUIETUDE É como o vento do outono que desnuda as árvores.

O MELHOR COMENTÁRIO diante da beleza é uma prece.

O SILÊNCIO É um afago que Deus faz em quem compreende as grandes dores.

SE DEUS É capaz de escrever certo por linhas tortas, também pode interpretar nossos erros como tentativas de acerto.

O QUE ALGUNS chamam de escuridão é apenas o tímido desejo de um encontro com a luz.

Basta um toque

O toque da chuva para florir o sertão inteiro.

O toque do amor para que cessem todas as guerras.

O toque da amizade para adormecer o ódio.

O toque da limpeza para que o ar se renove.

O toque da fé para que o obstáculo seja ultrapassado.

O toque da disciplina para que o comboio volte aos trilhos.

O toque da caridade para que haja mais luz no mundo.

Meu pai, que era mestre em reduzir assuntos dizia: por falta de um grito, alguém pode perder uma boiada.

Eu ouvia, mas não entendia.

Hoje reconheço que por falta de um pequeno toque perde-se uma encarnação inteira.

Examina os contornos da tua vida.

Talvez precisem de retoques.

Talvez o sorriso esteja muito seco, o abraço muito frio, a palavra muito dura.

Talvez a dança permaneça descompassada, a passada larga demais, as escolhas estranhas demais.

Quem sabe o caminho que percorres não seja o do mapa que te prepararam.

E não haja tempo de uma necessária releitura para que teus rascunhos se transformem em textos compreensíveis para os que te cercam.

Conselhos

Caminha sereno! Veste humildade, respira sabedoria.

Não distribuas indiscriminadamente tudo quanto tens. Isso não é caridade, mas desperdício.

Não fales demais. Isso não é sabedoria, mas imprudência.

Não critiques os erros de ninguém. Isso não é justiça, mas falta de caridade.

Não abuses da força. Isso não é fortaleza, mas arrogância.

Não acumules sem necessidade. Isso não é previdência. É avareza.

Não auxilies com ostentação. Isso não é solidariedade. É apenas vaidade.

Em tuas preces não te justifiques demais. Isso não é fé. Insegurança talvez.

Não dediques um dia para o Senhor, pois o dia do Senhor, foi ontem, é hoje e será amanhã.

Não elejas algo como sagrado, pois tudo é sagrado.

Não procures milagres além-mar; tudo ao teu redor é milagre.

Todos os momentos são propícios para falar ao Senhor, pois quem fez o tempo é maior do que a eternidade.

Aproxima-te do Senhor com alegria, pois Ele não tem inimigos; apenas filhos rebeldes.

Pede-Lhe a força, o ânimo, a coragem para vencer tuas provas e realizar tuas conquistas e isso não te será negado.

Mas pede com humildade, respeito e carinho; assim, mesmo no fundo do poço, serás ouvido e içado.

Pede, pois a oração seria o "ponto fraco de Deus", caso Ele tivesse algum.

Mas pede com fé. Isso não é bajulação. É apenas certeza.

Crianças

Você sabe mesmo o que é vida?
O quanto ela é bela, frágil, delicada, divina?
Já sentiu seus suspiros dentro de um ventre?
Sua majestade no silêncio de um berço?
Sua pureza descansando sobre os seios maternos?
Já viu crianças dançando na chuva?
Como seus olhos brilham diante de uma pipa?
Como seus pés são rápidos atrás de uma bola?
Nunca notou o quanto podemos aprender com elas?
Que a alegria, a sinceridade, a espontaneidade são marcas suas?
Certamente já observou que são indefesas e que se entregam a quem lhes acena algo de bom.
E como amam sem preconceitos e sofrem com o abandono.
Quando adentramos uma casa onde não há crianças logo sentimos certo ar de tristeza.
É como se faltasse a seiva que alimenta a esperança.
Você sabe mesmo o que é a vida?
Sentiu seu aroma de eternidade?

Não está confundindo o que sabe com miragens ou se detém na superfície das coisas?

Não é atitude de quem é sábio, procurar por trás de um rótulo milhares de enciclopédias?

Se o mundo soubesse realmente o que é a vida jamais pensaria em agredi-la com o aborto.

Declives

Quem sabe um dia Deus me dê por um instante
A alegria ingênua de O ver bem claramente
E qual criança encantada com um presente
Grave com fogo na retina o seu semblante

Não é que duvide do amor e da clemência
Que Ele tem para com os filhos mais sofridos
É que as dores nesses anos já vividos
Deixaram n'alma as cicatrizes da carência

Então a fé, nesses momentos de fraqueza
E quem não os tem se a morte é a certeza
Que a vida impõe em meio ao sofrimento

Atormentada ora acredita ora duvida
E em meio às desilusões da vida
Quer tocá-Lo e mostrar o seu tormento.

Encaixes perfeitos

EXISTEM COISAS QUE parecem predestinadas a jamais se separarem. Pão, café e manteiga; mulher, perfume e carinho; menino, bola e alegria são algumas delas.

Mas muitas coisas que hoje são raras serão encaixes exatos no cotidiano futuro.

Ciência, filosofia e religião formarão o triângulo perfeito.

Bom-senso, lógica e racionalidade comporão a vestimenta mental de qualquer guri.

A caridade e a tolerância serão o dueto das multidões.

A humildade e a esperança, o par perfeito para a dança evolutiva.

O egoísmo, o orgulho e a vaidade serão as doenças mais combatidas na alma.

Não haverá rótulos. Espíritas, budistas, católicos... serão apenas cristãos.

Desaparecerão cercas, tronos e prisões. A única bandeira a tremular sobre o Everest será a idealizada por Gandhi.

O tratamento utilizado entre os homens será irmão e

não mais vossa excelência, reverendíssimo, sua santidade, digníssimo, ou similares.

Mas tomara que ainda exista a flauta, o violão e o chorinho, outra trinca perfeita.

Que o progresso não leve de mim o livro, a rede e o lençol cheiroso, mais um conjunto completo.

Muito menos as reprises de filmes antigos, dentre eles, o "cinema paradiso".

Pois todo homem precisa de um pouco de passado em sua vida.

Escrever na areia

Você pode escrever na água, nas flores, ou nas nuvens todos os seus desejos.

Mas as mágoas, deve escrever na areia.

Na água escreva os anseios de crescimento; aquele sonho longínquo de um dia entender Deus.

Nas flores os sonhos de curto prazo, pois elas são efêmeras.

Nas nuvens os desejos imediatos, que logo se desfazem em outros desejos.

Escreva onde quiser, pois todo o Universo é um imenso caderno.

Mas o ódio deve ficar nas páginas de areia.

Pois estas são apagadas facilmente e sobre elas podem ser escritas novas histórias.

Nas águas, flores e nuvens imprima sua alegria; na areia sepulte os desagrados.

Seja irmão do vento, amigo das nuvens, companheiro das flores e amante da água.

Assim, escrevendo em água, flores e nuvens terá memória; escrevendo na areia terá vagas lembranças.

Firmeza

CAMINHAR, CAMINHAR, EIS a receita
De quem quer fugir das grandes dores
Perdoando ofensas, conservando amores
É assim que a roda da vida se azeita

Caminhar, caminhar, eis a cartilha
De quem busca as regiões de paz
Mas adentrá-la, é para quem é capaz
De participar da festa da partilha

Caminhando com a mão no arado
E se despindo de tudo que haja usado
Chega o homem à luz que deve ser

Caminhando sem nenhum lamento
Voa a alma rápida como o vento
Sem nenhum perigo de retroceder

Flores

O QUE PENSOU Deus quando criou as flores
Adornando-as com perfumes e magias
Inimagináveis nas mais loucas utopias
Senão dar alegria aos sofredores?

Poderia ter criado o fruto já maduro
Nascido do galho ou do tronco adunco
Ou quem sabe ter criado apenas junco
Ou espinheiro agreste, te asseguro

Poderia ter criado o mundo sem beleza
Sem compaixão, sem poesia, sem nobreza
Um mundo onde a morte fosse amada

Mas ao invés disso fez a vida esplendorosa
A tudo encheu de amor, de sonho, e da rosa
Fez um presente para cada alvorada

Fragmento de biografia

Muitas coisas me emocionam neste frágil mundo.

A beleza, a fidelidade, a simplicidade, uma música, um filme, um poema...

Tais coisas penetram em minha alma como ondas, saturando-a e fazendo com que eu elimine através dos olhos, das mãos, da pele, parte da energia absorvida.

O ouro, o diamante, a esmeralda, não provocam efeitos em meu espírito.

Reencontros entre pessoas que se amam, quando afastadas muitos anos, me enternecem.

A natureza, com suas cores, aromas e sons; filhos, netos, amigos, me comovem.

Certas coisas são como plugues que me ligam à divindade.

Quando vejo uma flor, intimamente começo a agradecer a Deus pelo presente.

Barcos sempre me trazem uma saudade secreta.

Passarinhos me lembram que tudo é frágil quando distanciado do amor.

Gosto de montanhas, rios, e amo desesperadamente o conhecimento, esse infinito "vir a ser".

Mas o que mais me emociona é saber que tudo quanto vejo e sinto vem do amor de Deus, causa de todas as emoções.

E que do átomo ao universo Ele é o ritmo, a rima, o verso da poesia que há em mim.

Frases sobre o mar e afins

Mar de espirais! As vidas que ceifas aonde levais?

A Terra não é órfã de beleza. Deus a cada dia enche o mundo de novas obras de arte.

Dizem que quem inventou a cromoterapia foi um cientista. Acredito que tenha sido o maior de todos: Deus

As melhores sínteses que já li foram escritas pelos poetas.

Uma vez me disseram que um homem das cavernas tinha criado a música ao soprar um tronco oco. Que nada! A música existe desde sempre: a do vento, dos mares, dos vulcões, do silêncio, pois Deus escreve em partituras.

Apesar dos cabelos brancos continuo um menino admirado com a imensidão do mar e a aparente fragilidade de um barco.

Se pensássemos quantos séculos a natureza trabalhou para criar uma pedra, teríamos mais respeito por ela.

Entender não é compreender. Quem tudo entende, sabe. Quem tudo compreende, ama.

O QUE MAIS me impressiona em Jesus é sua humildade. Humildade e realeza, para a maioria dos homens, são pontos extremos de uma reta.

ALGUMAS PESSOAS DUVIDAM da existência de Deus. Não sei como justificam a si próprias.

O AMOR DE um homem por uma mulher é o embrião do amor pela humanidade.

A DIFERENÇA ENTRE caminhar com fé ou sem ela é deslizar pelas ondas ou ser arrastado por elas.

QUANDO UMA GRANDE rocha se me apresenta, lembro do mar que a arrebenta.

GRANDE NÃO É o mar, as galáxias ou o universo. Grande é quem os fez.

A MIGALHA DE pão mata a fome, mas a de amor mata a descrença.

FERIDA NO CORPO, chamado da disciplina. Ferida na alma, chamado do amor.

A LINGUAGEM DO amor pode ser uma lágrima, um afago, uma palavra. A única maneira de traduzi-la é através dos efeitos que ela produz.

SOMENTE AS PALAVRAS esculpidas com sentimentos resistem à corrosão do tempo.

Gotas

Todo ser humano lacrimeja e chora
Mas nem todos aproveitam tal momento
Para unir a água e o sal ao sentimento
E fazer o mar onde o amor aflora

Chora tua lágrima limpa e colorida
Tu que a enches de dor e de revolta
Para cada gesto há uma viravolta
Certamente amanhã cantarás a vida

Derrama tua lágrima calmamente
Que o futuro não te cobre do presente
Restos mortais de planos calcinados

Faz dessa gota alforria, moratória
Doa-a a Jesus e terás tua vitória
Iluminando teus olhos marejados.

Grito de alerta

Espera! Antes de revidar a ofensa recebida pensa nas desvantagens que teu ato pode trazer à tua vida.

No primeiro momento teu coração será tomado de intensa taquicardia e o estômago será inundado por ácidos que o agredirão.

Teus nervos, em descontrole, levarão mensagens de perigo a todo o organismo, deixando-o sobrecarregado e, posteriormente, desgastado.

No descompasso de tuas emoções, certamente dirás coisas das quais te arrependerás e ouvirás palavras que podem te ferir profundamente.

Na loucura súbita que poderá tomar-te poderás desperdiçar esforços de uma existência inteira, envergonhar teus filhos e amedrontar teus netos.

Se tiveres um inimigo desencarnado a espreitar-te, certamente ele utilizará tua raiva para comprometer-te frente à vida.

Alguém que te ame vendo-te em aflição poderá envolver-se e, igualmente, receber o quinhão que a impaciência e a violência sempre têm a oferecer.

Não permitas que te roubem a paz. Pensa que vives

um mau momento, e como todo momento, logo mais este terá passado.

Recorda o grito do teu filho quando nasceu, o Natal em que chorastes, a oração que fizestes em algum momento de paz.

Pensa nas maravilhas que deténs: o olhar, o caminhar, o ouvir, o sentir, o emocionar-se, o gargalhar, o entristecer-se por um motivo nobre.

Se não puderes pensar em nada disso, olha para o azul do céu e sente a paz que dele emana.

Imediatamente pensarás que deverias ter feito isso inúmeras vezes, e não agora quando a aflição te apanhou.

Mas se o peso do descontrole te vergar o corpo impedindo-te de olhar para cima, grita: Jesus!

Onde ele estiver volverá os olhos para ti e te erguerá acima da poeira do tempo e do desassossego da vida.

Imaturidade

Não acuses a Deus se tens sequela
Deus não é omisso nem ausente
Examina a ti, pois certamente
O trocastes por alguma bagatela

Não imputes a Deus tua desdita
Deus não é sádico nem padrasto
No teu barco Ele é vela, leme, mastro
Tua ingratidão é que o evita

Não coloques Deus assim distante
Bem sabes que a cada instante
Como um manto te cobre Seu amor

Acorda e a ignorância afasta
Corre até Deus e Ele te engasta
Como uma pétala à corola de flor

Inspiração

Muitos falam de inspiração, mas não conseguem defini-la com clareza.

O lugar de onde ela vem é indefinido.

Porque permanece pouco tempo conosco é um mistério. Como nos eleva e enternece ninguém sabe.

Qual a sua fonte, um enigma. Mas se repararmos bem, a inspiração é um estado d'alma.

Quando amamos verdadeiramente estamos sempre inspirados. Se o bem é nosso objetivo ela permanece conosco.

Se sinceros em nossas orações ela jamais nos abandona. Isso responde às nossas perguntas.

Inspiração é a presença de Deus em nós. Ela vem de Deus como resposta aos nossos desejos sadios.

Permanece conosco se persistimos nesses desejos. Eleva-nos e enternece porque nos aproxima d´Ele, fonte de beleza e de inspiração.

Inútil procurá-la fora de si, pois cada um é abrigo de suas construções.

O coração de cada homem guarda o tesouro que lhe apraz. Mas, mesmo enchendo-o de vilezas e de aflições Deus, que lá habita, não foge.

Como é poderoso, apenas encolhe, fica pequenino, e espera em algum cantinho ainda não contaminado que a tempestade se acalme.

Então Deus espera o tempo que for preciso para libertar a inspiração que o homem equivocado prendeu.

Por isso se diz que nenhum coração é completamente mau.

Lições

A VIDA PODE ser interpretada como um longo curso de incontáveis lições.

Às vezes levamos existências inteiras em uma única tarefa.

Julgamos que só existe a beleza ostensivamente mostrada. Depois descobrimos que ela também se esconde, por trás da dor.

Pensamos que a bondade surge com um sim às nossas pretensões; é assim que encontramos a permissividade.

Fugimos do trabalho como se ele fosse nocivo aos nossos músculos. Debilitados, concluímos que é o contrário.

Nas grandes tragédias vemos apenas morte e desolação. Mais tarde a redefinimos como renovação.

Essa primeira parte do curso é para que o espírito caia em si; desvende lições escondidas por dentro das lições.

Aos poucos ele vai percebendo poderes invisíveis que pode utilizar em suas conquistas. É a fase do sentimento.

Descobre o carinho, curso de muitas encarnações. Até que entenda que ele é praticado pelo vento, flores, chuva, enfim, pela natureza, não terá concluído o tema.

E assim caminhará até descobrir o amor.

Amadurecido, perceberá que este sentimento comanda todas as ações divinas.

Olhará para as primeiras lições e verá nele o companheiro invisível que o seguia silencioso como sua própria sombra.

Admirar-se-á de não tê-lo encontrado antes, posto que sempre estivera ali.

Simultaneamente exaltará a sabedoria divina que a tudo comanda com bondade e justiça.

É então que se torna um servidor, pois este é o destino de quem entende o amor.

Mãe das dores

Como explicar um amor tão extremado
Que enfrenta o mais rude sofrimento
E não desiste de amar um só momento
Tratando o enfermo como filho amado?

Como entender que um anjo que enternece
Até mesmo o mais vil dos assassinos
Desça aos infernos pelos clandestinos
Que jamais o honraram com uma prece?

Qual o mistério desse anjo. Qual seria?
E por que o chamaram de Maria
Cujo filho pregaram em uma cruz?

Talvez porque dos amores o mais vasto
O mais suave, puro, luminoso e casto
Seja o de mãe, berço de luz.

Mudanças

Há muitas palavras em tua linguagem.
Quem sabe, não possas descartar algumas.
Egoísmo
Orgulho
Vaidade
Agressão
Desamor

E no lugar delas utilizares
Generosidade
Humildade
Simplicidade
Paz
Amor

Que não seja apenas a troca de cinco palavras, mas de hábitos, de vida, de mundo interior, de ti mesmo, pois assim agindo serás outra pessoa, tão amada, que não te reconhecerás quando olhares para trás.

Mundo maravilhoso

Quando eu nasci o mundo era lindo, mesmo visto pela janela descolorida da minha casa.

Havia muitos risos, muitas flores e cata-ventos que nunca paravam de girar.

O mar não trazia manchas, nem corpos, nem garrafas; os barcos eram pequenos e românticos como camafeus.

Eu me deitava no chão e ficava olhando os desenhos nas nuvens.

Os invernos deixavam córregos mansinhos que levavam nossos barcos de papel para além-bairro.

Havia muitas crianças brincando de índios contra mocinhos nos capinzais.

Os passarinhos não eram tão medrosos.

Borboletas pousavam em nossas mãos.

Os sapos cantavam tanto que o mundo se enchia de melodias estranhas.

As tardes eram nostálgicas, cheias de saudade, impregnadas de uma poesia misteriosa com cheiro de flores silvestres.

Quando alguém falava em Deus, logo tirava o chapéu em sinal de respeito.

Ainda existiam árvores majestosas desafiando minha habilidade de menino travesso.

As mulheres faziam rendas, cantavam e contavam histórias de um ou outro ancestral.

A fumaça que se via vinha das chaminés, dos cachimbos, de coivaras preparando a terra.

Que maravilhoso o mundo em que vivi e que meus netos desconhecem.

Por isso guardo velhas fotos de flores, de tardes, de quintais, aromas desconhecidos que palavras modernas não traduzem.

Por isso tenho discos velhos, poemas velhos, gestos velhos, sentimentos velhos, como se fosse um museu ambulante.

Até meu tempo é velho: o tempo da consciência.

O amor

O AMOR NÃO é um sentimento, mas um conjunto de sentimentos, como uma rosa é um conjunto de pétalas.

Traz em si a paciência, pois espera uma vida inteira para dizer: te amo.

O perdão, pois nunca faz acusações.

A generosidade, uma vez que doa sempre, até mesmo para os mais ricos.

É como um favo recheado de carinho, pois nem mesmo maltratado nega o acolhimento.

Apesar de agir de mil formas diferentes seu discurso é único: amar.

O amor traz em si uma luz que afugenta qualquer escuridão.

Um som tão suave que adormece mágoas e dores.

É como colo de mãe, encontro com o anjo guardião, olhar o filho dormir tranquilo.

Deus permite a cada pessoa, mesmo àquelas que não o merecem, um encontro com ele, durante a vida.

Ele surge através de um amigo, uma namorada, um animal de estimação, uma canção, uma religião, uma estrela que brilha distante.

Aliás, todos começam a vida com uma prova de amor, a amamentação.

E geralmente, morrem com outra, nem sempre de seus familiares, mas de Deus; uma flor.

O amor é o maior presente de Deus para a humanidade.

O bolo de Sarah

Naquele dia quando entrei na sala para ministrar minha aula encontrei os alunos tristes e inquietos.

Por mais que tentasse iniciar o tema um silêncio medroso sinalizava um desconforto no ar.

Incomodado, perguntei: querem falar sobre alguma coisa?

Então um deles disse que Sarah, aluna da classe, havia tentado o suicídio por causa do abandono do namorado.

A morte sempre surpreende, pois não nos preparamos para as perdas: da beleza, da fortuna, da saúde, dos entes queridos...

Iniciou-se uma discussão sobre as perdas, ou mais precisamente, sobre como conservar o que se tem.

E foi aí que muitos descobriram o óbvio, ou seja, que tinham muito mais do que pensavam.

Conseguimos uma imagem para a vida de cada um, um bolo, cujas fatias foram enumeradas.

O estudo, a família, a religião, os amigos, o lazer, o trabalho .... e, logicamente, a namorada.

Quando uma fatia é retirada sustentamo-nos nas outras.

Quando alguém joga todas as fichas em um só objetivo, ou seja, faz do bolo uma só cartada, se erra ou perde, sente-se sem nada, aturdido, desamparado.

Foi o que ocorreu com Sarah. Ela esquecera essa verdade simples: repartir o bolo.

Fomos criados para a diversidade. O próprio amor tem mil faces.

Felizmente Sarah superou o drama e seu bolo, na última vez que a vi, tinha mais de vinte fatias.

E eu ainda estou vivo contando essa história para outros alunos ainda não confeiteiros.

O guardador de corações

O CORAÇÃO FOI feito para guardar tesouros inimagináveis.

Foi o que descobri guardando muitos deles dentro de mim.

O coração materno é como um cofre que quer guardar os filhos. Como não consegue prender seus corpos vigia suas almas.

Os corações que se amam de verdade, longe um do outro, estão sempre descompassados.

Os corações dos poetas são livres, pois precisam de liberdade para respirar.

Corações meninos são como apartamentos desarrumados. Bolas de gude, piões, pipas, gritos e corridas por todos os lados.

Apesar de conhecer alguns corações ainda fico imaginando como seriam outros.

O coração do menino Jesus devia ser como a romã; cheio de pérolas por dentro. Cada pérola era um bom sentimento.

O coração de Madre Teresa era cheio de pobres e de doentes. Era um coração-hospedaria.

O coração de Francisco de Assis era cheio de passarinhos.

O coração do beija-flor é um torrão de açúcar.

O coração dos malfeitores é como uma casa em ruína; tudo está por construir.

Foi guardando corações que descobri que eles escondem dentro de si o que mais amam.

Mães, filhos, amores, sons, cores, emoções, músicas, saudades, vinganças, traições...

Mas que só permanece dentro de cada um deles aquilo que é leve, para que possa um dia retornar ao coração de Deus.

Pois é no coração de Deus que está toda a Humanidade.

Um milhão de amigos

Quando ainda era bem jovem, na Mocidade Espírita Mário Rocha, em Fortaleza, tinha imensa fascinação pelo estudo do perispírito, corpo plástico e maleável que reveste o espírito.

Mas não havia livros que o retratassem tal qual eu gostaria de estudá-lo. Poucas obras, respingos aqui e ali, sempre uma repetindo o que dissera a outra. Diante da dificuldade recorri aos instrutores espirituais e expliquei minha dificuldade.

– Francisco! disse ao frade que já me acompanhava nos estudos. – Poderia me dar algumas aulas sobre perispírito? Pretendo trabalhar na desobsessão e este estudo é fundamental para minhas pretensões.

– Vamos ver o que posso fazer. Concentre o que já sabe sobre o tema que na próxima reunião já terei uma resposta para seu pedido.

Então veio ao meu encontro o alemão Kröller, que me perguntou: encontra-se preparado e disciplinado para um estudo de longo curso?

– Sim

Foi o início de um curso de dez anos.

Estudava feito louco, perturbava meus professores na Universidade, abordava quem soubesse algo sobre este tema e ficava horas na biblioteca tentando descobrir o momento em que o princípio inteligente desperta e inicia a sua jornada evolutiva.

Seria no vírus, cuja demonstração de inteligência é notória quando invade uma bactéria e toma seu material genético de assalto iniciando a fabricar cópias de si mesmo?

Antes, fica ele adormecido? Mas em que tipos de materiais? Se o princípio inteligente deve passar pelas espécies mais simples até atingir a complexidade humana, onde o primeiro passo?

Na minha mente Deus faz o princípio inteligente já munido de um embrião do futuro corpo astral. É o mais lógico, pois sem esse intermediário, como ele agiria sobre a matéria?

Como fazer um roteiro coerente desde os primeiros passos do princípio inteligente até a fase humana? Haveria tal possibilidade?

E no longo capítulo do hipnotismo, do vampirismo, da zoantropia, dos transplantes, das reencarnações e desencarnações?

Durante dez anos Kröller levou os médiuns a centenas de ambientes agressivos e amenos para mostrar as modificações que o perispírito poderia sofrer.

Mostrou amputados e a maneira como eles são tratados; trouxe-nos centenas de casos a serem examinados e outro tanto de testemunhas para falar de suas experiências.

Estudou conosco diversos tipos de suicídios e as consequências deixadas no perispírito; o mesmo fez com relação ao aborto e ao uso de drogas.

Transportou médiuns para estudar o perispírito dos xifópagos, dos amputados e as deformações perispirituais provocadas pela viciação mental.

Devassou conosco a memória, o corpo mental, as desencarnações bizarras, a ideoplastia e toda gama de doenças do corpo e da alma ao nível em que pudéssemos entender.

Ao final de dez anos Francisco, que também participou do estudo na condição de colaborador, veio dizer-me: espero que tenha gostado do presente que um milhão de amigos lhe deu. Sua missão é torná-lo simples e repassar.

O que me faz lembrar constantemente desse longo curso são as centenas de demonstrações de carinho e de confiança que recebo de todos os recantos do Brasil. Esses amigos depositam no resumo que escrevi para os estudiosos do tema uma confiança que me enternece. Ainda ontem, quando abri o computador alguém havia me enviado esta mensagem.

> *Fico muito feliz em poder indicar a leitura deste livro, de Luiz Gonzaga Pinheiro, que é o resultado de uma pesquisa de dez anos sobre um assunto já abordado na literatura espírita, mas sem a riqueza e a linguagem fácil deste livro. Tanto o profissional de saúde quanto o leitor que se aprofunda vão se deleitar com tanto conhecimento. Mais uma vez é dito que o fluido vital da saúde é retirado também das plantas.*

Se este livro fosse editado em inglês se transformaria em um dos mais lidos no mundo porque a sua fama se espalharia pelos quatro cantos. Viva a espiritualidade que aporta na mente de nossos irmãos brasileiros. Sei que somos merecedores!

O triângulo perfeito

Fé, esperança e caridade formam um triângulo perfeito na matemática divina.

A fé sustenta o espírito nas aflições não o permitindo naufragar.

A esperança o conserva confiante na vitória.

E a caridade o mantém em contato com a luz divina.

Nos projetos da tua vida não te esqueças dessa verdade.

Desmontando o triângulo e unindo seus lados terás a grande reta do amor.

Repartindo-o ao meio seguirás o caminho da paz, pois estarás em campo de força impenetrável pelo mal.

Esse triângulo é como a ponta de uma flecha que abre qualquer caminho, por mais fechado se apresente.

Mas abre espaço suavemente, como o sol da manhã vai afugentando a névoa da noite.

Para ele não há quadrados que o prendam ou círculos que o isolem.

Pois a geometria divina é ilimitada e infinita.

Incapaz de ser contida no estreito espaço das retas e curvas humanas.

Olhos de ver

Ter olhos para ver significa olhar por trás, por dentro, na contraparte oculta do que é observado.

Adentrar a alma, as reentrâncias, o sopro que deu origem a tudo.

Cada ser vivo ou objeto têm vários lados: o poético, o fatal, o útil, o cômico... que se mostram em momentos adequados.

Daí a relatividade de tudo. Dizer que algo é inútil é desconhecer a sabedoria divina.

Por isso respeites tudo ao teu redor. Não é inútil o que observas, mas teu conhecimento é que é parco.

Não é a maldade que tem força, mas a bondade que é tímida.

Diante da agressão responde com o perdão, criado por Deus para momentos assim.

O perdão não é um afago em teu adversário, mas um medicamento que ministras a ti próprio, preservando-te de males futuros.

Se perdoastes não te julgues grande, pois agistes em benefício próprio.

Na verdade, nossas ações agem como bumerangues. Sempre voltam para nossas mãos.

Somente quando entendemos esta verdade é que adquirimos olhos de ver.

Pausa

Qualquer atividade na vida exige uma pausa para avaliação e refazimento.

Portanto, em meio ao trabalho, ao estudo, ao divertimento, examina a que se destina o esforço que empreendes.

Quais os sons que nascerão dos movimentos ou dos instrumentos que manejas em tua música.

É preciso ter em mente que o universo é uma grande sinfonia de onde nascem todas as canções.

Seu criador fez músicas para o mar, para os ventos, para as estrelas, para as imensidões sem fim; por que esqueceria de ti?

Lembra-te de que Deus é o único regente que incentiva o plágio para Suas composições.

Aproveita a pausa para comparar as partituras, a tua com a d´Ele.

Caso a melodia do teu destino apresente dissonância, com o ritmo alterado, a harmonia sufocada, refaz tua partitura.

Qualquer música sem as notas divinas: a fé, a caridade e o amor, é barulho de guerra que apenas fere os ouvidos.

Afina teus instrumentos, mas deixa ao coração a tarefa de compor.

Busca as palavras, mas deixa que esta caixa mágica imponha a melodia.

Faz o trabalho braçal, que a inspiração vem de Deus, caso peças com humildade.

Põe a orquestra em ação, mas entrega a batuta a Deus.

Assim tua música será ouvida pelos anjos e pelos pecadores; os primeiros a chamarão de gratidão e os segundos de esperança, dois acordes divinos.

Paz

A PAZ TEM diferentes faces, logo reconhecidas por quem a admira.

Campos floridos com pássaros livres.

Casas sem cercas; janelas abertas mostrando pinturas nas paredes.

Crianças sorrindo nas calçadas ou correndo atrás de pipas.

Velhos de mãos dadas; jovens namorando nos jardins.

Ruas arborizadas, ar sem fumaça, cheiro de bolo saindo das casas.

A paz é feita de coisas simples. Justiça, educação, amor à vida.

Se queres paz prepara-te para a guerra; alguém equivocado já disse isso.

Mas esta não é a linguagem de Jesus. Se queres paz, ama o teu próximo.

Pois a paz do mundo começa dentro de ti.

Ponte

Meu coração é uma ponte de algodão
Onde os anjos brincam de acolher
Buscam o amor e sabem que hão de ver
O leito, o abrigo, o afago, o pão

Meu coração é verso de acalento
Vento de bênçãos, mar de vibrações
Sussurro meigo dessas orações
Que ao faminto serve de alimento

É estrada entre o amor e o carinho
jardim, porto seguro, suave ninho
Onde a esperança costuma se aquecer

Seus hóspedes a chamam caridade
A luz que a dor acalma; verdade
Que não deixa a fé arrefecer

Preces

Eu costumava fazer a Deus, pedidos demais.
Usava em minhas preces palavras demais.
Encenava gestos demais.
Era como uma criança que utilizava de chantagem emocional na esperança de ser atendida em meus desejos.
Mas, no lugar de aprovar meus clamores, Deus foi me abrindo os olhos.
E meu Espírito, que sou eu mesmo, foi percebendo que já tinha dádivas demais.
Mãos que semeiam, escrevem, descrevem círculos no ar brincando com o vento.
Pés que me trazem do trabalho para um leito macio.
Olhos que buscam o horizonte longínquo onde só posso ir quando adormeço.
Sem que eu pedisse, Deus despertou em mim a capacidade de sonhar.
Foi assim que comecei a visitar um outro mundo onde cada indivíduo se vê como irmão.
Nesse mundo, as casas têm sempre um quarto a mais para o viajante cansado.

Nele não há fome, violência, egoísmo, mas gestos de doação e acolhimento.

Quando fecho os olhos me transporto e ocupo nesse mundo o lugar de cidadão.

Quando retorno, deparo-me com a tristeza, o desespero e a falsa alegria de muitos.

Vejo que ainda não sabem sonhar, pedir, orar.

E como são crianças como fui, tento ajudá-los descrevendo o mundo que descobri além da cortina carnal.

Aponto a música, a poesia, a religião, a beleza que ignoram em si próprios.

Mas os homens, quase sempre voltados para seus desejos, não se interessam pelo meu sonho.

Por isso escuto nos que oram, palavras demais, pedidos demais, encenações demais.

Parecem querer sensibilizar o Senhor dos mundos e das inteligências com bajulações e negociatas.

Vejo-me neles. Sinto por eles, mas aguardo o dia em venham a crescer, pois isso ninguém pode fazer por eles.

Receitas

O AMOR, ÁPICE de todos os sentimentos
Só se consegue após dores atrozes
Na recusa de um milhão de vozes
Que procuram iludir com vãos momentos

O amor é joia encravada em armadura
Diamante sob uma crosta de cascalho
E só a lima, a lixa, o buril, o malho
Arranca sua luz dulcíssima e pura

Tu que te animas com folguedos
Que deixas escorrer por entre os dedos
O trabalho, a saúde, a paz, a calma

Saibas que a dor te encontrará um dia
E que só o amor a dor anestesia
Posto que é filho dileto da sua alma

Senhor do tempo

Nunca me senti velho. Percebo-me perene como o próprio tempo.

A cada dia que chega, sinto que minha fantasia desbota, mas sei que há outra por baixo.

Sou como a semente que um dia perderá o invólucro para liberar uma árvore possante.

A essência que há em mim assiste o desfile dos séculos sem medo do futuro.

Não envelhece quem a cada dia vê o mundo com mais beleza e profundidade.

Quem dança interiormente com as melodias que o vento traz.

Envelhece quem abandona a poesia, esquece a beleza, ignora o amor.

A velhice não está nos cabelos, no rosto nem na pele, mas no coração.

Coração sem sonhos é câmara mortuária.

Coração que sonha é berço de eternidades.

Quando me julgam pela casca, apenas sorrio.

O sorriso é uma boa maneira de enfrentar a cegueira.

O sorriso é a resposta de quem se descobriu eterno.

E sabe que é senhor do tempo e dono da eternidade.

Silenciar

Às vezes é preciso silenciar. Não o silêncio covarde, mas o eloquente, aquele que diz mais de mil palavras.

Aquele que Jesus fez diante da pergunta de Pilatos: e o que é a verdade?

Aquele homem vil não entenderia a grandiosidade da resposta. Seria atirar pérolas aos porcos. Por isso Jesus silenciou.

O silêncio é o pai das revelações. Por isso não se vê sábios palradores.

Mas silêncio não é mudez. Teu espírito pode estar no mundo das boas ideias enquanto teu corpo participa das atividades que te reclamam a presença.

Não é necessário que negues a palavra de bom ânimo ao companheiro aflito.

Nem que cortes o laço com o mundo ao teu redor.

A serenidade de que falo é interior. Silencia teu lado agressivo evitando a palavra áspera, o gesto rude, o pensamento torpe.

Procura um lugar calmo e fala com os amigos invisíveis que te representam junto aos céus.

Verás que correntes mentais de ânimo, de inspiração

elevada te invadirão o cérebro.

Sentirás então o poder e o movimento intenso do silêncio. A vida em sua face grandiosa e eterna só percebida na quietude.

Entenderás porque és um filho de Deus e te verás tão rico que sentirás piedade dos que desconhecem essa realidade.

E voltarás para os barulhentos que te rodeiam disposto a estar no mundo sem ser do mundo; a viver entre eles sem ser um deles.

Sonhos

Se eu pudesse ser o amor por este dia
Invadiria lábios, livros, corações
E com o afago criaria condições
Que a própria sombra abrigaria

Se eu pudesse ser o amor por esta hora
A caridade ao mundo ensinaria
E com humildade sua face bordaria
Mostrando a paz como nova aurora

Se eu pudesse ser o amor neste minuto
Apagaria das memórias qualquer luto
Deixando o riso leve da alegria

Se eu pudesse ser o amor por um segundo
Só o perdão seria a lei do mundo
Se eu pudesse ser o que serei um dia.

Tu e a Lei

Não é Deus que distribui chaga ou medalha
Nem é culpado da doença ou da má sorte
E se muito cedo a alguém visita a morte
Não foi Ele que coseu sua mortalha

Deus fez a Lei perene, justa, bela
Que ofendida, no ofensor logo assinala
Reparação, um clamor que não se cala
Enquanto ele não se harmonizar com ela

Portanto, culpa a ti se tua alma chora
Pois alegria ou tristeza quando aflora
Só nos visita quando é chamada

Pede a Deus a coragem que não falha
Sabedoria, e qual o ímã e a limalha
Ele te atrairá e dar-te-á pousada

Tudo outra vez

Se preciso fosse, começaria tudo outra vez.

Escreveria as mesmas cartas de amor, os mesmos poemas, ouviria os mesmos boleros.

Teria os mesmos filhos, os mesmos netos, a mesma filosofia de vida, o espiritismo.

Amaria o silêncio mais ainda, destinaria mais tempo em conversa com desencarnados e inventaria maneiras diferentes de definir o amor.

Quem sabe não vencesse a timidez e dançasse aquele tango, esquecesse de crescer, adotasse um cachorro.

Zombaria da solidão, aceitaria a dor-experiência, rejeitaria os falsos elogios.

Não teria vergonha de chorar de emoção, gritar de felicidade ou de sentir-me carente.

Ainda adoraria livros, teria medo de desapontar os amigos, gostaria de flores e seria admirador incondicional da poesia inimitável de Jesus.

Seria mais paciente, não deixaria que os abraços fugissem, beijaria mais devagar.

Pouco mudaria, pois me gosto como sou; alguém não notado, despercebido, observador não observado de todas as belezas da vida.

Vencedor

Agradece a Deus por mais um dia
Pois estás vivo e é preciso aproveitar
O tempo, a chance, o despertar
Pois a prudência não dispensa um guia

Faz tua prece e te prepara para a luta
Que é vencer teus piores inimigos
Para os quais terás que erguer jazigos
E enterrar o ego pondo fim a tal disputa

E ao vencer por fim os teus defeitos
Terás o mais sagrado dos direitos
Que o Criador confere aos vencedores

Trabalhar, servir, coser mortalhas
Por amor aos caídos nas batalhas
As quais vencestes com o suor de tuas dores.

Vida e morte

Morte não é antônimo de vida
O contrário de morte é nascimento
Aquieta-te, se por um momento
Julgas que a vida possa ser vencida

Quando criada, a vida já é infinita
Barrá-la, nem o próprio Deus faria
Pois suas leis de amor e de harmonia
Não admitem a mais leve contradita

Preserva a vida, trata-a com respeito
Tu que te julgas com o direito
De abreviá-la ou de barrar-lhe o andor

Ampara-a, pois em todo o firmamento
É a vida o maior investimento
A razão de existir do próprio Criador.

Voar

VELHAS CANÇÕES ITALIANAS sempre me levam ao passado.
E enquanto repercutem no ar reprisam belos filmes onde fui ator.
Velhas canções são como acalantos que adormecem o corpo e despertam o espírito.
São lugares onde somos bem-vindos; onde escondemos sorrisos; às vezes uma lágrima.
Escolha uma velha canção para evocar tuas boas lembranças.
Quando teu corpo pesar como o chumbo deixa-a tocar para que teu espírito voe.
Mergulha nos acordes, baila na melodia, acaricia os sons que te levam para o mais íntimo de ti mesmo.
Quando chegares ao lugar sagrado onde guardas tuas boas recordações, deita na grama e olha o azul.
Pensa que lá está tua morada definitiva e que ao final da batalha uma velha canção te dará alforria.
Esta terá sido a canção que construístes com teus sentimentos, emoções e palavras.
A vida, amigo, é a longa construção de uma partitura.
A cada dia adicionamos um acorde ou uma pausa.

Importa caprichar no ritmo, zelar pela harmonia, empenhar-se em atingir a beleza para que a música não agrida os ouvidos de ninguém.

Pois quando partires será tua música que te levará e dirá de ti a todos que te amaram neste vasto mundo.

Conclusão

TERMINAR UM LIVRO é como terminar uma viagem prazerosa. Resta a saudade e o consolo de iniciar uma outra. Não foi diferente desta vez. Sempre sinto uma imensa saudade da obra que saiu de minhas mãos e que se perderá pelo mundo, pois um livro quando escapa do nosso domínio segue caminhos inimagináveis.

Mas o mais emocionante é conceber o encontro dele com pessoas distantes; amigos ainda não abraçados, mas que se tornam familiares quando nos tocam o coração através do livro. Conhecendo-nos através da obra tornam-se amigos, familiares, companheiros, sem sequer nos conhecer o rosto.

A partir daí tornamo-nos tristes com a tristeza deles e alegramo-nos com suas conquistas. O livro cumpre também o papel de ligar pessoas pelos sentimentos que carrega e proporciona.

Aos milhares de amigos que tenho sem conhecê-los, mas que amo como se irmãos fossem da minha alma, ofereço os textos aqui impressos, nascidos de momentos calmos sem a preocupação outra que não a de exaltar a beleza da vida.

Que Deus, o criador da poesia e de tudo quanto é belo, nos torne fortes e éticos para que possamos mais brevemente identificá-Lo e entendê-Lo, mesmo nas tormentas da vida.